CRISTÓBAL COLÓN

El Nuevo Mundo

Por Romain Parmentier
En colaboración con Fabrizio Melai
Traducido por Laura Bernal Martín

Historia en50MINUTOS.es

en50MINUTOS.es

¡CONVIÉRTASE EN UN GENIO DE LA HISTORIA!

La batalla de Accio

La batalla de Maratón

La guerra de Palestina de 1948

La Operación Tormenta del Desierto

www.en50minutos.es

CRISTÓBAL COLÓN

CARNET DE IDENTIDAD

- **¿Nacimiento?** Entre el 25 de agosto y el 31 de octubre de 1451 en Génova (República de Génova)
- **¿Muerte?** El 20 de mayo de 1506 en Valladolid (Reino de España)
- **¿Objetivo de las expediciones?** Trazar una ruta comercial hacia Asia y la India por el oeste
- **¿Zonas del mundo exploradas?**
  - Primer viaje: las Bahamas, Cuba, La Española (isla de Haití)
  - Segundo viaje: las Antillas Menores, Jamaica
  - Tercer viaje: la isla de Trinidad, América del Sur, la desembocadura del Orinoco (río de América del Sur)
  - Cuarto viaje: las costas de Honduras (América Central), de Costa Rica y de Panamá
- **¿Descubrimiento destacado?** El continente americano

INTRODUCCIÓN

> «Y porque la carabela Pinta era más velera e iba delante del Almirante, halló tierra [...]» (López y Cortés).

Son las dos de la mañana del 12 de octubre de 1492. 33 días antes, Cristóbal Colón y la tripulación de sus tres carabelas habían abandonado las tierras conocidas. Desembarcan en un nuevo mundo y no son conscientes del descubrimiento que están haciendo puesto que creen que llegan a Asia.

Pero la empresa no fue sencilla, ya que, durante varios años, el proyecto del explorador se juzga irrealizable y es rechazado. De hecho, el reto es enorme: se trata de encontrar una nueva ruta por el oeste para llegar a la India, símbolo de riqueza y de prosperidad debido a sus especias y a su oro. Finalmente, en abril de 1492, los soberanos españoles aceptan la expedición de Cristóbal Colón: su epopeya puede comenzar.

Cristóbal Colón realiza cuatro viajes hacia el oeste y hacia un territorio que no sabe que se trata del continente americano. En cada uno de ellos realiza descubrimientos y amplía los conocimientos existentes sobre geografía. Pero la exploración de estas nuevas tierras va acompañada de la colonización, que transforma la historia de España, que se convertirá en uno de los países más poderosos de la época moderna. Así pues, Europa, que sale de la Edad Media, se dispone a convertirse en la dueña del mundo.

BIOGRAFÍA

Retrato de Cristóbal Colón por Antoine Maurin, c. 1835.

INFANCIA Y APRENDIZAJE

Cristóbal Colón, navegante y explorador, es el primer europeo de la Edad Moderna que logra atravesar el Atlántico y llegar al continente americano, desconocido por aquel entonces. Sin embargo, su nacimiento, probablemente entre el 25 de agosto y el 31 de octubre de 1451 en Génova, no hace prever tal destino. Colón, hijo primogénito de un humilde tejedor, tiene que aprender primero el oficio de su padre. Pero esta perspectiva no fascina demasiado al joven, que acaba renunciando definitivamente al oficio de la lana. Entonces, se convierte en marinero y realiza numerosos viajes comerciales por el Mediterráneo. Al mismo tiempo, adquiere un buen conocimiento del mundo conocido gracias a sus abundantes lecturas.

UN PROYECTO LARGAMENTE RECHAZADO

En 1476, el navegante embarca rumbo a Portugal. En este país, en el que las exploraciones marítimas ya han comenzado, Cristóbal Colón perfecciona su cultura y prepara su proyecto, que busca llegar a la India por el oeste en un momento en el que todos intentan alcanzar Oriente bordeando África. En 1484-1485, el navegante decide comunicarle su idea al rey de Portugal, Juan II (1455-1495), que se niega a financiar una expedición que se considera irrealizable. Cristóbal Colón, humillado y endeudado, decide abandonar Lisboa y dirigirse a España. En enero de 1486, es recibido en la Corte de los Reyes Católicos, Isabel de Castilla (1451-1504) y Fernando II de Aragón (1452-1516). Estos, aunque se muestran interesados por el proyecto, destinan todos sus recursos a la reconquista de Granada, entonces en manos de los moros (musulmanes de Andalucía). Como consecuencia, el proyecto de Cristóbal Colón se queda en el aire.

Cristóbal Colón delante el consejo de Salamanca, pintura de Emanuel Leutze, 1841.

Pero la toma de Granada en enero de 1492 le devuelve la esperanza. Por fin ha llegado su momento: vuelve a reunirse con los soberanos y estos acaban por avalar su proyecto. El contrato se oficializa en abril de 1492 con las Capitulaciones de Santa Fe. Los Reyes Católicos convierten a Cristóbal Colón en Almirante de la Mar Océana y le nombran virrey y gobernador general de las tierras que descubra. El genovés puede embarcarse por fin en el proyecto de su vida.

LAS EXPEDICIONES

El 3 de agosto de 1492, la epopeya comienza con la partida desde Palos, un promontorio de la costa española. Después de llegar a las Canarias, Colón se dirige al oeste: comienza así una larga travesía. No vuelven a avistar tierra hasta la noche del 11 al 12 de octubre. Cristóbal Colón cree que ha llegado a Asia, pero en realidad acaba de encontrar las Bahamas, Cuba y La Española. Vuelve a España en 1493 y comienza inmediatamente a preparar un segundo viaje para fundar una colonia. Cuando esta se establece en La Española, Colón prosigue con su exploración y descubre las diferentes islas del Caribe, antes de regresar a la península en 1496. Dos años más tarde, vuelve a hacerse a la mar para emprender una tercera expedición. Por primera vez, desembarca en el continente sudamericano y descubre la isla de Trinidad. A continuación, regresa a la colonia de La Española, pero estalla una rebelión contra él que no logra contener. En 1500, despojado de su título de gobernador y detenido por los colonos, es reenviado a España, donde es encarcelado a causa de su mala gestión de la colonia y del comercio de esclavos que ha establecido. Es puesto en libertad por los soberanos y vuelve a marcharse en el año 1502. El almirante busca entonces un pasaje hacia la India, pero se encuentra con las costas de América Central. Tras sufrir un violento huracán, el viaje se convierte en un desastre y Cristóbal Colón se ve obligado a volver a España en 1504, país que nunca volverá a abandonar. Muere el 20 de mayo de 1506 en Valladolid, convencido de que ha encontrado una ruta para llegar a Asia por el oeste, y no un nuevo continente.

CONTEXTO POLÍTICO, SOCIAL Y ECONÓMICO

EL COMIENZO DE LOS GRANDES DESCUBRIMIENTOS

Aunque Cristóbal Colón realiza uno de los descubrimientos más importantes de la historia moderna, no es el primero en hacerse a la mar en busca de nuevas tierras y de nuevas rutas comerciales. Ya en el siglo XIII, algunos europeos, como Marco Polo (viajante veneciano, 1254-1324), se embarcan en la ruta de la seda para descubrir Asia y sus maravillas. Sin embargo, hay que esperar al inicio del siglo XV para que este movimiento de exploración adquiera importancia, sobre todo en el océano Atlántico. En el origen de este impulso, que permitirá que Europa se abra al mundo, se encuentra un joven príncipe portugués: Enrique, llamado el Navegante (1394-1460), tercer hijo del rey Juan I (1357-1433).

Después de haber expulsado a los moros, Portugal, que es ahora independiente, descubre una nueva vocación gracias al infante Enrique: las expediciones marítimas. Apasionado de la geografía y familiarizado con los textos antiguos que se comienzan a redescubrir en Europa, el joven príncipe quiere que su nombre pase a los anales de la historia. Por ello, lanza a Portugal a la expansión marítima, al tiempo que se rodea de eruditos y funda una Escuela de Navegación en Sagres (cabo de San Vicente), desde donde impulsa el progreso tecnológico.

A lo largo de todo el siglo XV, se multiplican las expediciones que buscan oro, mercados agrícolas y nuevas rutas que lleven a la India, además del mítico reino del Preste Juan. En 1418, los portugueses descubren Madeira y, en 1427, las Azores. Alcanzan el cabo Bojador (Sahara Occidental) en 1434, Cabo Verde en 1445, descubren la desembocadura del río Senegal y llevan a cabo muchas otras exploraciones. Así pues, se adueñan de las costas de África hasta atravesar el cabo de Buena Esperanza en 1488. Evidentemente, estas empresas fascinan a los hombres de la época y, poco a poco, el gusto por la aventura invade Europa.

¿SABÍAS QUE...?

El reino del Preste Juan es un misterioso y mítico reino cristiano situado en Oriente, según la leyenda. Los orígenes de esta leyenda se remontan a la Edad Media y sitúan alternativamente al reino en Asia central, en China, en la India y, finalmente, en África Oriental. La importancia de este mito no se puede tomar a la ligera. Los europeos, enfrentados a la expansión musulmana, ven en el Preste Juan un importante aliado que permitiría atrapar y, *a fortiori*, derrotar a los árabes y a los turcos. Por consiguiente, la búsqueda del reino del Preste Juan se convierte en el objetivo central de la exploración marítima y participa activamente en el inicio de los grandes descubrimientos.

LA CAÍDA DE CONSTANTINOPLA Y SUS CONSECUENCIAS

Así pues, la exploración de nuevas rutas marítimas comienza en el siglo XV, pero un destacado acontecimiento acelera el ritmo de las expediciones. El 29 de mayo de 1453, el sultán otomano Mehmet II (1432-1481) pone fin a casi un milenio de historia bizantina al tomar Constantinopla, capital del Imperio bizantino. La ciudad, considerada por los europeos la puerta de Oriente, se encuentra a partir de ahora anexionada al Imperio otomano, un hecho que tendrá un impacto directo en la exploración marítima.

Sede de numerosos centros intelectuales, el Imperio bizantino supo conservar a lo largo de su existencia los saberes —sobre todo geográficos— heredados de la Antigüedad, así como aquellos fruto de la tradición bizantina y árabe. Pero su disolución provoca que muchos sabios y eruditos huyan a Europa Occidental, llevándose con ellos sus conocimientos, así como una parte del increíble patrimonio del que Bizancio es heredero. La llegada de estos intelectuales permite que, de ahora en adelante, los europeos vuelvan a sumergirse en los textos antiguos y descubran los del mundo árabe. De esta forma, las antiguas representaciones del mundo, como la de Claudio Ptolomeo (sabio griego, c. 100-170), reaparecen y alimentan el espíritu de los aventureros. Aunque introduce errores de cálculo, este redescubrimiento renueva las ideas sobre la esfericidad de la Tierra y la búsqueda de localizaciones mediante coordenadas geográficas.

La caída de Constantinopla también tiene un impacto

inmediato en las relaciones comerciales entre Occidente y Oriente. Parte de las mercancías orientales (seda, especias, incienso, etc.), muy deseadas en Europa, pasaban por la capital. Pero la caída la ciudad y la expansión otomana conllevan un aumento de las tasas, lo que ralentiza el comercio. A partir de este momento, los europeos le confieren más importancia a la búsqueda de nuevas rutas comerciales, puesto que quieren llegar a la India sin pasar por el intermediario otomano.

EL FIN DE LA RECONQUISTA Y EL SURGIMIENTO DE EUROPA

El 1492 es un año extraordinario, no solo para Cristóbal Colón, sino también para España, que pone fin a casi ocho siglos de ocupación musulmana de su territorio. Gracias a la toma de Granada el 2 de enero de 1492, los Reyes Católicos, Isabel de Castilla y Fernando II de Aragón, logran unificar España y acaban así con la Reconquista. De ahora en adelante, el país puede abrirse a la exploración marítima y competir con sus vecinos portugueses. Además, a los soberanos les mueve un objetivo religioso, puesto que son fervientes defensores de la fe y desean extender la cristiandad y evangelizar nuevos territorios.

La rendición de Granada, pintura de Francisco Pradilla y Ortiz, 1882.

Toda Europa se encuentra en plena transformación. De hecho, pueden observarse progresos significativos en numerosos ámbitos, lo que lleva al continente a abrirse al exterior. Además, las grandes epidemias de peste disminuyen y la población crece poco a poco. El renacimiento de las ciudades hace que surja una burguesía emprendedora ávida de ganancias. Finalmente, la feudalidad deja paso progresivamente a Estados deseosos de extender sus dominios.

Sin embargo, el continente también se enfrenta a nuevos desafíos. Un buen ejemplo de ello es la amenaza musulmana en el este, que las numerosas cruzadas emprendidas en su contra no han podido extinguir. Los turcos y los árabes de las zonas subsaharianas no solo bloquean la ruta de las especias, sino que también impiden el abastecimiento de oro y, por tanto, de moneda, de Europa. De ahí que las reservas de esta disminuyan considerablemente, lo que provoca graves crisis económicas entre 1330 y 1450. Por ello, es necesario salir en busca de este valioso material para abastecer a los diferentes Estados.

Finalmente, conviene tener en cuenta los progresos realizados en geografía y en cartografía. En 1492, el cosmógrafo y navegante alemán Martin Behaim (1459-1507) elabora el primer globo terrestre. Al mismo tiempo, nace una cartografía destinada por completo a los navegantes: los portulanos, que tornan los viajes marítimos más precisos gracias a un sistema de rosas de los vientos y de escalas.

EL ORIGEN DE UN GRAN PROYECTO

Incansable lector de autores antiguos, de los viajes de Marco Polo o incluso del Imago mundi de Pierre d'Ailly (prelado y teólogo francés, 1350-1420), Cristóbal Colón quiere probarse a sí mismo. Sabe que la Tierra es redonda y sus lecturas le han convencido de algo: el océano Atlántico es más estrecho de lo que parece. Por ello, el trayecto entre Europa y Oriente por el oeste le parece realizable, y se trata de una oportunidad perfecta para escapar al intermediario árabe o al largo rodeo de África.

Los cálculos de Colón están basados en los de Marin de Tyr (geógrafo griego, siglos I-II) y en las teorías de Claudio Ptolomeo y, sin embargo, se encuentran bastante alejados de la realidad. Para empezar, el navegante está convencido de que los continentes conocidos —Europa, África y Asia— cubren un 62,5 % del globo terrestre. Pero estos últimos solo representan el 36,11 %, lo que hace que, proporcionalmente, las tierras conocidas sean más pequeñas y los mares más grandes. Asimismo, calcula que la circunferencia de la Tierra tiene unos 30 000 kilómetros, cuando en realidad tiene 40 000 kilómetros. Apoyándose en estas bases erróneas, Cristóbal Colón calcula que la distancia que separa las Canarias de la rica isla de Cipango (nombre medieval de Japón) es de 4400 kilómetros, pero esta es de 22 200 kilómetros.

No obstante, si hubiera sabido de estas distancias puede que nunca hubiese emprendido tal viaje. En todo caso, cuando el 12 de octubre de 1492 Cristóbal Colón avista tierra allá donde creía que la encontraría, en ningún momento se imagina que acaba de descubrir un nuevo continente; al contrario, cree que ha logrado su proyecto al llegar cerca de Cipango.

LA EXPEDICIÓN

LOS PREPARATIVOS

Además de los títulos y de las posibles riquezas venideras, las Capitulaciones de Santa Fe apenas le conceden algunos medios a Cristóbal Colón. Los monarcas le prestan dos millones de maravedíes (moneda de bronce) para fletar y armar tres navíos proporcionados por la ciudad de Palos. En esta, el navegador se pone en contacto con el armador Martín Alonso Yáñez Pinzón (1440-1493), que pone a su disposición dos carabelas: la Pinta y la Niña, nombres que evocan a mujeres de vida alegre.

La carabela es, en la época, la embarcación más adecuada para navegar en alta mar. Aunque su invención se remonta al siglo XII, su eficacia no ha hecho más que aumentar gracias a numerosas innovaciones. Al utilizar menos madera, las carabelas del siglo XV son más ligeras, lo que limita el calado (profundidad de la parte sumergida), aumenta su rendimiento y facilita las maniobras. Con una longitud de unos 23 metros y una anchura de 6,5 metros, la carabela dispone de tres a cuatro mástiles dotados a su vez de velas cuadradas para la propulsión y de una vela triangular.

La carabela tal como era en la época de Cristóbal Colón.

Sin embargo, Cristóbal Colón considera que es necesario un tercer navío. Encuentra la oportunidad de la mano del armador Juan de la Cosa (c. 1449-1510) y compra una carraca (un tipo de navío de grandes dimensiones), llamada la Gallega. Más redondeada que una carabela, es también más imponente y por tanto menos rápida, pero puede cargar hasta 110 toneladas, mientras que las carabelas solo pueden llevar unas 60. Cristóbal Colón la rebautiza inmediatamente como Santa María y convierte al navío en la nao capitana que carga con la mayor parte de las provisiones.

A continuación, el almirante debe reclutar tripulaciones

para cada uno de los navíos. Pero la expedición de Colón es, para muchos, un viaje sin retorno, y el miedo y la incertidumbre están a la orden del día. De hecho, aunque la teoría ha demostrado que la Tierra era redonda, nadie lo ha experimentado aún y, según las leyendas, el océano Atlántico, apodado el Mar Tenebroso, está poblado de monstruos marinos de todo tipo. Por ello, conseguir hombres dispuestos a participar en una aventura de este calibre no es tarea fácil. No obstante, con la ayuda de sus armadores, Cristóbal Colón logra reunir a marineros listos para la búsqueda de la fortuna:

- 22 hombres a bordo de la Niña;
- 26 de la Pinta;
- 39 de la Santa María.

Los navíos se cargan con víveres para quince meses y agua para seis. Todo está preparado por fin: la aventura puede comenzar.

LLEGAR AL ESTE PASANDO POR EL OESTE

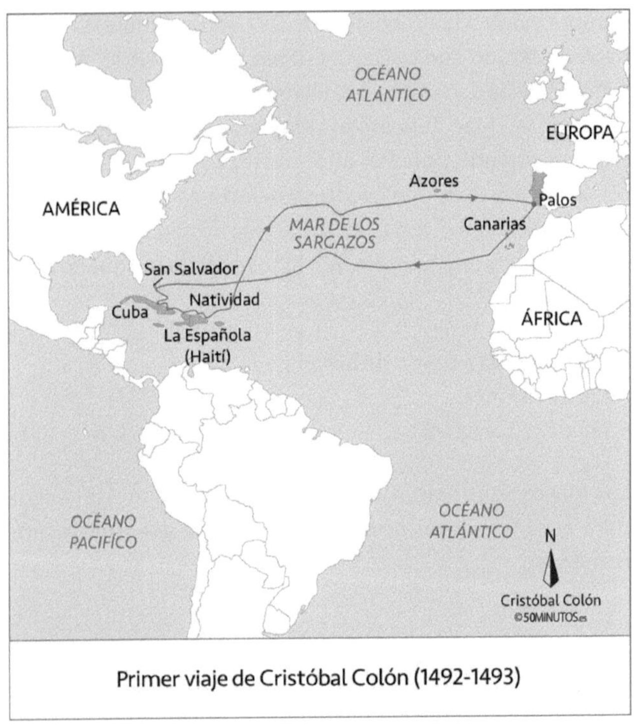

Primer viaje de Cristóbal Colón (1492-1493)

La salida de Palos está programada para la mañana del 3 de agosto de 1492. Aunque su objetivo se encuentra al oeste, Cristóbal Colón desciende en latitud para llegar a las Canarias y aprovechar sus vientos alisios, propicios para una travesía oceánica. Pero tras tres días de navegación comienzan los problemas: el timón de la Pinta se rompe. Lo reparan como pueden, y el navío llega a las Canarias unos días después que la Niña y la Santa María. Al no poder encontrar otro barco, Cristóbal Colón tiene que esperar a que acaben las reparaciones y no se va del archipiélago hasta el 6 de septiembre.

El 9 de septiembre, la tripulación ve por última vez las tierras conocidas. Como estaba previsto, el viento es bueno e incluso fuerte, lo que hace que nazcan las primeras incertidumbres con respecto al regreso. Pero otros temores atormentan a los marineros. El 17 de septiembre, estos descubren por primera vez el mar de los Sargazos (en el norte del océano Atlántico), invadido por algas que cubren miles de metros cuadrados. Aunque en un primer momento ven en este fenómeno una señal que indica que la tierra firme está cerca, los marineros se muestran enseguida aterrorizados, pues temen que los barcos se queden atascados en medio del océano.

El tiempo pasa despacio y la paciencia de los marineros empieza a dar muestras de agotamiento. Aunque el almirante les incita a que perseveren, afirmando que la tierra firme está cerca, nada se dibuja en el horizonte. La preocupación acaba por apoderarse del propio Cristóbal Colón que, el 1 de octubre, ya no sabe dónde se encuentra. La tensión es tal que, el 10 de octubre, está a punto de estallar un motín. Sin embargo, Colón logra detenerlo proponiéndole a sus hombres un acuerdo: si en tres días no hay tierra a la vista, se planteará tomar el camino de regreso.

El jueves 11 de octubre, los marineros observan muchas ramas flotando alrededor de las carabelas, entre las que se encuentra un trozo de madera tallado con un cuchillo. Ya no hay dudas: la tierra está cerca, y está habitada. A las 2 de la mañana del 12 de octubre llega el alivio: «¡Tierra! ¡Tierra!», grita un marinero de la Pinta, Rodrigo de Triana (nacido c. 1469). Cristóbal Colón bautiza la primera isla, que está habitada, con el nombre de San Salvador. Creyendo que se encuentra en la India cuando en realidad acaba de descubrir las Bahamas, llama a los habitantes «indios». Estos, maravillados por los españoles, se presentan desnudos, con el cuerpo cubierto únicamente de pinturas. Cuando comienzan el mercadeo, los españoles comprenden enseguida que no tienen ni oro ni especias.

Imagen que representa a Cristóbal Colón comerciando con objetos con los nativos del país.

El 14 de octubre, Cristóbal Colón decide hacerse a la mar

y viajar de isla en isla. El 28 llega a Cuba, que cree que es Cipango. Sin embargo, no hay mucho oro a parte del que adorna pulseras, cinturones y anillos. Ignorando que se trata de una isla, el navegante acaba por considerar que Cuba es la extremidad del continente asiático. A continuación, prosigue su viaje y ve otra isla, a la que los indios llaman Cibao y que vuelve a pensar que se trata de la esperada Cipango. Pero, en realidad, es Haití. La esperanza desaparece rápidamente y rebautizan a la isla como La Española. Continúan con la exploración, así como con los encuentros con indígenas y el mercadeo. Sin embargo, el día de Navidad ocurre un drama: la Santa María embarranca en un banco de arena. Los marineros están a salvo, pero ahora son demasiado numerosos para ocupar las dos carabelas restantes, lo que hace que algunos tengan que quedarse en tierra. Es así como Cristóbal Colón funda La Natividad, también llamado Fuerte Navidad, un fortín situado en la costa de La Española.

Reuniendo todo lo necesario para impresionar a los soberanos españoles, Cristóbal Colón considera que es el momento de volver y se lleva con él algunos indios. El 16 de enero de 1493, pone rumbo a Europa con la Pinta y la Niña, atravesando mares agitados que están a punto de hacer naufragar a los navíos en varias ocasiones. El 15 de febrero avistan las Azores y, un mes más tarde, Cristóbal Colón está de regreso a Palos. Le reciben triunfalmente, puesto que todo el mundo considera que ha logrado llegar a Asia por el oeste.

LA PRIMERA COLONIA

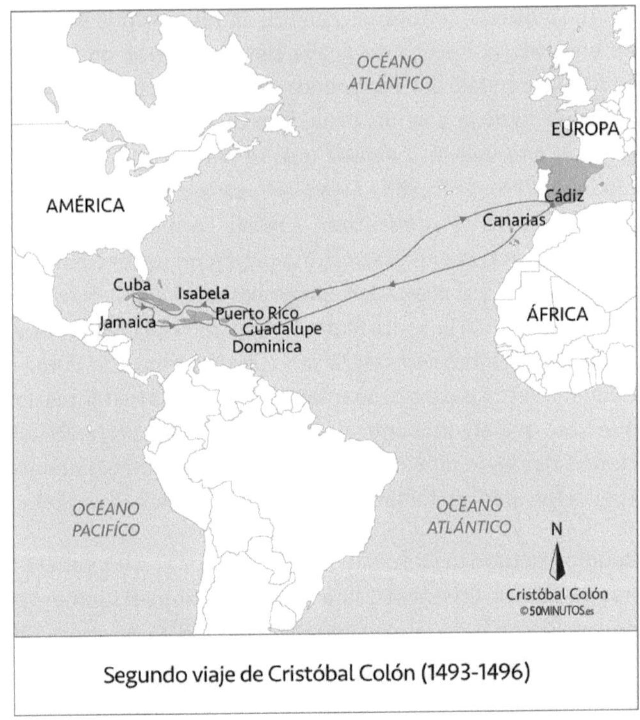

Segundo viaje de Cristóbal Colón (1493-1496)

El éxito de Cristóbal Colón alegra a los Reyes Católicos, que desean obtener el reconocimiento de su imperio. En junio de 1494, esto se logra con el Tratado de Tordesillas. Pero por el momento hay que volver para abastecer a los que se han quedado en los nuevos territorios y, sobre todo, comenzar la explotación y la conquista de estas nuevas tierras. En menos de cinco meses se pone en marcha una segunda expedición, que cuenta con todos los medios necesarios. Ya no son tres, sino diecisiete los navíos que abandonan España desde Cádiz el 25 de septiembre de 1493 con más de 1200 hombres a bordo, entre los que se encuentran los nobles, soldados, religiosos y campesinos que formarán la primera colonia del Nuevo Mundo.

¿SABÍAS QUE...?

El Tratado de Tordesillas lo firman el 7 de junio de 1494 los dos soberanos españoles, Isabel de Castilla y Fernando II de Aragón, y el rey de Portugal, Juan II. Su objetivo es establecer el reparto del mundo entre ambos Estados. Ya el 4 de mayo de 1493, la bula *Inter caetera* del papa Alejando VI (1431-1503) le había atribuido a España las tierras descubiertas a 100 leguas más allá de las islas de Cabo Verde. El rey de Portugal protesta contra este reparto y logra ampliar la frontera, situándola a 370 leguas, mediante el Tratado de Tordesillas. Gracias a este, obtiene sin saberlo lo que se convertirá en Brasil.

Pasando de nuevo por las Canarias, Cristóbal Colón elige una ruta situada más al suroeste y descubre las Antillas Menores, y más en concreto, Dominica el 3 de noviembre de 1493, y Guadalupe al día siguiente, seguidas de Santa Cruz el 14 y Puerto Rico el 19. La moral de los marineros está por los aires, pero cuando llegan a La Española y a La Natividad el 27 de noviembre la desesperanza ensombrece sus rostros. Los hombres que dejaron allí han muerto: algunos se han matado entre ellos, otros no han podido recuperarse de sus enfermedades y los últimos han sufrido las represalias de los indios, que ya estaban siendo explotados. Colón continúa más hacia el este, y encuentra un emplazamiento para establecer la primera colonia, a la que llama Isabela en honor de la reina. El 6 de enero de 1494, se celebra la primera misa.

En abril de 1494 bordea las costas al sur de Cuba, intentando determinar si se trata o no de una isla. Pero el almirante retoma su camino con demasiada antelación y decreta ante notario que Cuba es el inicio del continente asiático. El 5 de mayo llega a Jamaica, lo que eleva a una centena el número de islas descubiertas.

En la colonia Isabela, la fascinación de los primeros días deja paso a la desolación. Los colonos se enfrentan al canibalismo de los indios y a sus incesantes ataques; además, los hombres padecen una nueva enfermedad, la sífilis, que se llevarán con ellos a Europa. Finalmente, hay escasez de recursos, lo que hace que las condiciones de vida sean particularmente difíciles. Para los indios, la situación no es nada deseable: los explotan y secuestran a sus mujeres. El único consuelo para los españoles es que por fin se descubre oro en La Española. Así pues, Cristóbal Colón cumple su misión y puede regresar a España en marzo de 1496. Llega a Cádiz el 11 de junio.

OTRO MUNDO

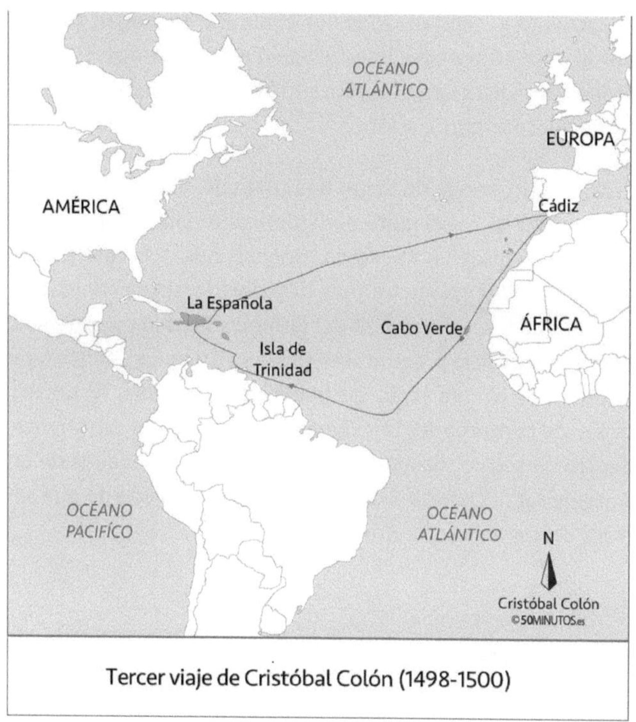

Tercer viaje de Cristóbal Colón (1498-1500)

En España, la euforia del primer viaje ha desaparecido. De hecho, la realidad dista mucho de las promesas del navegante. España ha ampliado su dominio en varias islas, pero estas carecen de las riquezas esperadas y el poco oro que descubren no sirve para llenar las arcas del Estado.

En mayo de 1498, Cristóbal Colón puede volver a zarpar con

nuevos colonos. Se preparan seis carabelas en total: tres de ellas se dirigen directamente a La Española, mientras que las otras tres, capitaneadas por el almirante, llegan a Cabo Verde para emprender una ruta aún más al suroeste que la precedente. Esta vez, el explorador quiere descubrir la tierra firme del continente asiático.

El 31 de julio, creyendo llegar a la costa de la India, Cristóbal Colón llega al continente sudamericano. Sin saberlo, es el primero en pisar un nuevo continente, que aportará el tan ansiado oro. Al mismo tiempo, descubre la isla de Trinidad, y después la desembocadura del Orinoco. Pero la imponencia de este río le lleva preguntarse sobre su origen, y deduce que el territorio al que acaba de llegar no es la India. Al no ser capaz de comprender la existencia de un nuevo continente dentro de sus conocimientos de geografía, heredados de la Antigüedad, Cristóbal Colón llega a la conclusión de que se trata del paraíso terrestre, el Edén.

Cristóbal Colón llegando a América.

De regreso a La Española, comprueba que la situación de la colonia no ha hecho más que empeorar y que la mina de oro no es rentable. Está a punto de estallar una rebelión, y se considera que el almirante es responsable del desastre. Se desata una guerra civil en dos ocasiones, lo que obliga a Cristóbal Colón a suspender su exploración. Entonces toma medidas brutales, ejecutando a sus adversarios y repartiendo las tierras y los indios entre los colonos. Así, a pesar de ser un buen navegante, el almirante resulta ser un pésimo gobernador. Cuando los soberanos españoles se enteran de la situación, deciden volver a tomar las riendas de la misma y, en agosto de 1500, envían a un nuevo gobernador, que destituye y detiene a Cristóbal Colón. En noviembre, este último es devuelto a España en un calabozo. A continuación es puesto en libertad, pero pierde su título de virrey y de gobernador de las Indias.

EN BUSCA DEL PASAJE

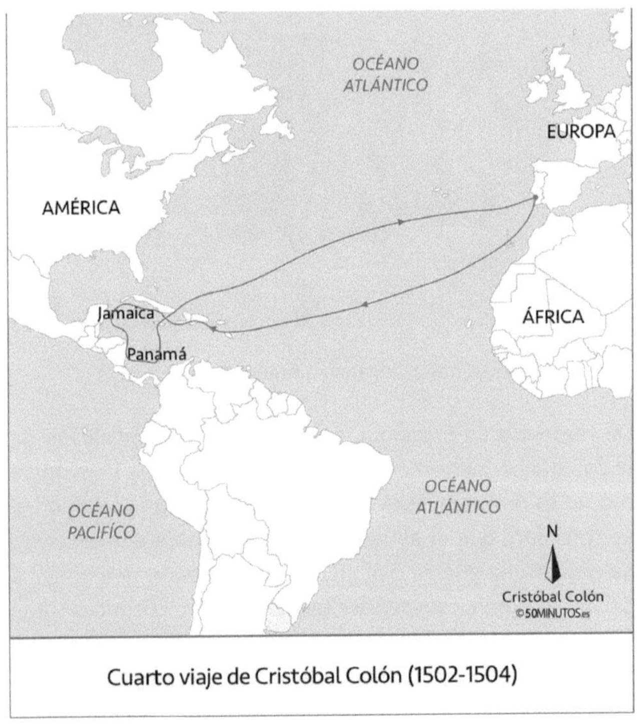

Cuarto viaje de Cristóbal Colón (1502-1504)

Ahora que está libre de las preocupaciones del gobierno, Cristóbal Colón solo tiene una idea en mente: realizar un cuarto viaje y llegar por fin a la India. Consciente de que debe encontrar el estrecho de Malaca (entre Malasia e Indonesia) para alcanzar su objetivo, el 11 de mayo de 1502 zarpa en busca del famoso pasaje.

Como tiene prohibido desembarcar en La Española, continúa su camino hacia Cuba, pone rumbo noroeste y después sudeste y, una vez más, llega al continente americano en agosto de 1502. Bordea las costas de Honduras, después las de Costa Rica y de Panamá durante el verano y, en otoño, sufre tempestades y huracanes. Acaba desembarcando en Panamá para pasar el invierno. Aunque sabe que existe un océano al otro lado, no encuentra el pasaje. Sin embargo, es cierto que el Pacífico se sitúa en la otra orilla y, 400 años más tarde, se construirá un canal para llegar hasta él.

Enfermo, Cristóbal Colón decide regresar, pero la mala suerte se ceba con él. En junio de 1503, una nueva tempestad le obliga a desembarcar en Jamaica, donde destruyen sus navíos. Hasta pasado un año no llega ayuda. El 7 de noviembre de 1504, el descubridor y explorador de tantas tierras vuelve a España: es el punto final de su periplo. Su estado de salud empeora y, el 20 de mayo de 1506, el hombre que hace que América forme parte de nuestra historia muere en Valladolid.

REPERCUSIONES DE LA EXPEDICIÓN

LA HEGEMONÍA DE EUROPA EN EL MUNDO

El descubrimiento de Cristóbal Colón en 1492, al igual que la apertura de rutas hacia Oriente por África, cambia para siempre el lugar que ocupa Europa en el mundo. Aunque al principio el Nuevo Mundo somete a los europeos a un duro trance, este acaba por ofrecerles las tan ansiadas riquezas. A principios del siglo XVI se lanzan verdaderos proyectos de conquista, de los que resultará la primera colonización europea, tanto desde un punto de vista político y económico como religioso y cultural.

Partiendo hacia lo desconocido, los primeros conquistadores, siguiendo el ejemplo de Francisco Pizarro (c. 1475-1541) y de Hernán Cortés (1485-1547) someten a los poderosos Imperios azteca —en 1521— e inca —en 1533, y se adueñan de ellos. Europa, que se sentía limitada por sus fronteras, dispone a partir de ahora de todo el espacio necesario para llevar a cabo su expansión. España y Portugal son los primeros en convertirse en grandes imperios coloniales. Deseosas de llevarse su parte, las otras naciones también se harán a la mar en busca de ganancias. Los ingleses en América del Norte, los franceses en Canadá, los neerlandeses en Oriente: todos se lanzan a la aventura.

Sin ser conscientes de ello, los exploradores realizan la primera globalización, dominada por Europa a través de un sistema de colonias que no culminará hasta el siglo XX. Fruto de un proceso largo y complejo, Europa pone punto final a la Edad Media y entra ahora en la Edad Moderna.

EL ENCUENTRO MICROBIANO Y ETNOCIDA DE LAS POBLACIONES DE AMÉRICA

No obstante, la expansión económica de Europa se logra a expensas de las poblaciones amerindias. En un primer momento fascinados por los españoles, los indios de América se dan cuenta demasiado tarde del peligro que estos representan para su civilización. Aunque es difícil dar un porcentaje exacto, todos los científicos reconocen actualmente que la población amerindia se redujo considerablemente a partir de la llegada de los europeos.

La violencia y la guerra fueron las primeras en provocar víctimas. Ávidos de ganancias, los colonos y los conquistadores someten progresivamente a los indios, reduciéndolos al trabajo forzado y a la esclavitud. Con todo, la causa más importante de esta disminución de la población es el choque microbiano. Aislados durante siglos del resto del mundo, los indios no cuentan con un sistema inmunitario preparado para resistir a las enfermedades procedentes de Europa. Por consiguiente, las epidemias se suceden, y un simple resfriado puede matar. La mitad, o incluso tres cuartos de la población, no resiste a este choque microbiano. De esta forma, para reemplazar a los indios, los europeos establecen la trata de negros, que reduce a millones de africanos a esclavos y los envía a América.

Finalmente, las poblaciones americanas sufren un verdadero etnocidio. De hecho, los europeos transforman profundamente la organización política del territorio imponiendo su cultura y su religión. Se ultrajan las antiguas creencias indias, lo que lleva a toda la sociedad a una profunda depresión. Hay que esperar hasta el siglo XVIII para que esta población vuelva a crecer.

UNA GEOGRAFÍA TRANSFORMADA PARA SIEMPRE

Más allá del enriquecimiento de unos y de la tragedia de otros, los descubrimientos de Cristóbal Colón y de sus sucesores transforman el mundo del conocimiento. A principios del siglo XVI, Américo Vespucio (navegante italiano, 1454-1512) es el primero en precisar que se trata de un nuevo continente y, por consecuencia, le pone su nombre a América.

Esta toma de conciencia hace que la geografía se perfeccione y que nazca una nueva concepción del mundo. Las expediciones se suceden y se precisan los límites costeros. A partir de ahora, al oeste, entre Europa y Asia, hay que contar con América.

Pero el aumento de los conocimientos no se limita al ámbito de la geografía. Los grandes descubrimientos también revolucionan la navegación y la climatología, con el estudio de los monzones y de los alisios. Los zoólogos y los botánicos descubren miles de nuevas especies. La llegada de nuevos productos y de alimentos como la patata o el maíz modifican el régimen alimentario de los europeos. A partir de ahora, los campos de investigación científica parecen infinitos. Además, el encuentro con poblaciones hasta entonces desconocidas lleva a una reflexión sobre el estatus del ser humano, como la Controversia de Valladolid entre Bartolomé de las Casas (prelado español, 1474-1566), que afirma que los amerindios son seres humanos que se sitúan al mismo nivel que los europeos, y Juan Ginés de Sepúlveda (teólogo español, 1490-1573), que les considera inferiores. Así pues, la concepción del ser humano y de su lugar en un mundo más grande y plural se transforma en la cultura europea.

EN RESUMEN

- Cristóbal Colón nace en Génova entre el 25 de agosto y el 31 de octubre de 1451. Tras varios años en los que gana experiencia en el mar, expresa la idea de llegar a la India por el oeste atravesando el océano Atlántico.

- Después de que el rey Juan II de Portugal se niegue a financiar su expedición, Cristóbal Colón acude a la corte de los soberanos españoles Isabel de Castilla y Fernando

II de Aragón. Estos últimos, sin embargo, se encuentran ocupados con la reconquista de Granada y el proyecto del navegador se queda en suspenso.

- Después de la toma de Granada en enero de 1492, los Reyes Católicos aceptan financiar la expedición de Cristóbal Colón, que se convierte en Almirante de la Mar Océana. Enseguida fleta tres navíos: la Pinta, la Niña y la Santa María.
- El 3 de agosto de 1492, Cristóbal Colón comienza su expedición saliendo de Palos. Tras una escala en Canarias, se lanza a la aventura hacia el oeste, siguiendo los vientos alisios.
- La travesía es dura para los marineros. Enfrentados a extraños fenómenos, como el mar de los Sargazos o a falsas señales de esperanza, el trayecto acaba por parecerles interminable y se impacientan. El 10 de octubre, Cristóbal Colón evita por poco un amotinamiento.
- El 12 de octubre de 1492, el almirante avista por fin tierra firme. Sin ser consciente de ello, acaba de descubrir un nuevo continente: América. Durante este primer viaje, Cristóbal Colón descubre las Bahamas, Cuba y La Española. A continuación regresa a España.
- Respaldado por su éxito, vuelve a marcharse en septiembre de 1493 para fundar la primera colonia del Nuevo Mundo. Aprovecha para descubrir y explorar las Antillas Menores, el sur de Cuba y Jamaica. En marzo de 1496, vuelve a España para preparar un tercer viaje.
- Cristóbal Colón tiene que esperar al mes de mayo de 1498 para zarpar. Tomando un rumbo más hacia el sur, pisa por primera vez el continente sudamericano. Descubre la isla de Trinidad y la desembocadura del Orinoco.

- A continuación se reúne con la colonia de españoles que se habían quedado en la isla de La Española, donde la situación es desastrosa. Acusado de mala gestión, Cristóbal Colón es detenido, desprovisto de su título de gobernador y devuelto a España en un calabozo en 1500.
- Liberado por los soberanos, el almirante se vuelve a marchar en 1502 para realizar un último viaje. Ahora busca un pasaje hacia Asia y la India, pero se encuentra bloqueado por las costas de Honduras, Costa Rica y Panamá. Su travesía fracasa.
- Agotado y desgastado por la enfermedad, Cristóbal Colón decide volver a España. Un huracán le hace encallar en Jamaica, donde tiene que esperar a que llegue ayuda durante un año. Regresa a España en 1504 y dos años después muere en Valladolid.

¡Tu opinión nos interesa!
¡Deja un comentario en la página web de tu librería en línea,
y comparte tus favoritos en las redes sociales!

PARA IR MÁS ALLÁ

FUENTES BIBLIOGRÁFICAS

- Almagia, Roberto *et al.* 1951. *Les conséquences de la découverte de l'Amérique par Christophe Colomb*. París: Palais de la découverte.
- Balard, Michel. 1992. *Christophe Colomb. Journal de bord 1492-1493*. París: Imprimerie nationale.
- Bernand, Carmen y Serge Gruzinski. 1991. *Histoire du Nouveau Monde. De la découverte à la conquête*. París: Fayard.
- "Christophe Colomb. Magellan et le tour du monde". 2006. *Histoire universelle. L'ère des découvertes européennes*, tomo 13. París: Hachette.
- Favier, Jean. 1968. *De Marco Polo à Christophe Colomb (1250-1492)*. París: Larousse.
- Favier, Jean. 1991. *Les grandes découvertes d'Alexandre à Magellan*. París: Fayard.
- Heers, Jacques. 1991. *Christophe Colomb*. París: Hachette.
- "Les découvertes géographiques des Portugais aux XVe et XVIe siècles". 2006. *Histoire universelle. L'ère des découvertes européennes*, tomo 13. París: Hachette.
- López, Chantal y Omar Cortés. "Fragmento del diario de navegación de Cristóbal Colón, jueves 11 de octubre de 1492". *Mgar.net*. Consultado el 23 de mayo de 2016. http://www.mgar.net/docs/colon2.htm
- Todorov, Tzvetan. 1982. *La conquête de l'Amérique. La question de l'autre*. París: Seuil.

FUENTES COMPLEMENTARIAS

- Bennassar, Bartolomé y Lucile Bennassar. 1991. *1492. Un monde nouveau?* París: Perrin.
- Bernard, Vincent. 1996. *1492. L'année admirable.* París: Flammarion.
- Chaunu, Pierre. 1969. *Conquête et exploitation des nouveaux mondes.* París: PUF.
- Heers, Jacques. 1991. *La découverte de l'Amérique.* Bruselas: Complexe.
- Moustapha, Monique y José Guidi. 1994. *Christophe Colomb et la découverte de l'Amérique. Réalités, imaginaires et réinterprétations.* Aix-en-Provence: Universidad de Provenza.

FUENTES ICONOGRÁFICAS

- Retrato de Cristóbal Colón por Antoine Maurin, c. 1835. La imagen reproducida está libre de derechos.
- Cristóbal Colón delante el consejo de Salamanca, pintura de Emanuel Leutze, 1841. La imagen reproducida está libre de derechos.
- *La rendición de Granada*, pintura de Francisco Pradilla y Ortiz, 1882. La imagen reproducida está libre de derechos.
- La carabela tal como era en la época de Cristóbal Colón. La imagen reproducida está libre de derechos.
- Imagen que representa a Cristóbal Colón comerciando con objetos con los nativos del país. La imagen reproducida está libre de derechos.
- Cristóbal Colón llegando a América. © L. Prang & co.

LITERATURA

- Claudel, Paul. 1927. *El libro de Cristóbal Colón.*
- Scott Card, Orson. 1996. *La redención de Cristóbal Colón.*
- Girard, Patrick. 2010. *Cristóbal Colón, el viajero del infinito.*

PELÍCULAS Y DOCUMENTAL

- *1492: La conquista del paraíso.* Dirigida por Ridley Scott, con Gérard Depardieu, Sigourney Weaver y Armand Assante. Francia, España y Reino Unido: Gaumont, Légende Entreprises, France 3 Cinema, Due West, Cyrkfilms, Ministère de la Culture, Ministerio de Cultura de España, 1992.
- *Christophe Colomb: La Découverte.* Dirigida por John Glen, con Marlon Brando, Tom Selleck y Georges Corraface. Reino Unido, Estados Unidos y España: Quinto Centenario, 1992.
- *Cristóbal Colón, el enigma.* Dirigida por Manoel de Oliviera, con Ricardo Trêpa y Leonor Baldaque. Portugal: Filmes do Tejo, Fundação Calouste Gulbenkian, Les Filmes d'Après-Midi, Manoel de Oliveira Filmes, 2007.
- *Le Monde selon Christophe Colomb.* Dirigido por Paolo Santoni. Francia: Agat films & Cie, 2012.

MUSEO Y MONUMENTOS CONMEMORATIVOS

- El Faro a Colón, en Santo Domingo, República Dominicana.

- La Biblioteca Colombina, en Sevilla, España.
- La Casa-Museo de Colón, en Valladolid, España.
- Reproducción de la Niña, la Pinta y la Santa María en Palos, España.

en50MINUTOS.es

Historia

Economía y empresa

Coaching

¡APRENDER
NUNCA ANTES FUE
TAN RÁPIDO!

www.en50minutos.es

© en50Minutos.es, 2016. Todos los derechos reservados.

www.en50Minutos.es

ISBN ebook: 9782806277848

ISBN papel: 9782806281548

Depósito legal: D/2016/12603/210

Libro realizado por <u>Primento</u>, el socio digital de los editores